regurgitando sentimentos

Editora Appris Ltda.
1.ª Edição - Copyright© 2025 dos autores
Direitos de Edição Reservados à Editora Appris Ltda.

Nenhuma parte desta obra poderá ser utilizada indevidamente, sem estar de acordo com a Lei nº 9.610/98. Se incorreções forem encontradas, serão de exclusiva responsabilidade de seus organizadores. Foi realizado o Depósito Legal na Fundação Biblioteca Nacional, de acordo com as Leis nos 10.994, de 14/12/2004, e 12.192, de 14/01/2010.

Catalogação na Fonte
Elaborado por: Dayanne Leal Souza
Bibliotecária CRB 9/2162

R175r 2025	Ramos, André
	Regurgitando sentimentos / André Ramos. – 1. ed. – Curitiba: Appris, 2025.
	71 p. ; 21 cm.
	ISBN 978-65-250-7570-9
	1. Poesia. 2. Sentimento. 3. Inspiração. I. Ramos, André. II. Título.
	CDD – B869.91

Editora e Livraria Appris Ltda.
Av. Manoel Ribas, 2265 – Mercês
Curitiba/PR – CEP: 80810-002
Tel. (41) 3156 - 4731
www.editoraappris.com.br

Printed in Brazil
Impresso no Brasil

ANDRÉ RAMOS

regurgitando sentimentos

Curitiba, PR
2025

FICHA TÉCNICA

EDITORIAL	Augusto V. de A. Coelho
	Sara C. de Andrade Coelho
COMITÊ EDITORIAL	Ana El Achkar (Universo/RJ)
	Andréa Barbosa Gouveia (UFPR)
	Jacques de Lima Ferreira (UNOESC)
	Marília Andrade Torales Campos (UFPR)
	Patrícia L. Torres (PUCPR)
	Roberta Ecleide Kelly (NEPE)
	Toni Reis (UP)
CONSULTORES	Luiz Carlos Oliveira
	Maria Tereza R. Pahl
	Marli C. de Andrade
SUPERVISORA EDITORIAL	Renata C. Lopes
PRODUÇÃO EDITORIAL	Bruna Holmen
REVISÃO	José Bernardo
DIAGRAMAÇÃO	Amélia Lopes
CAPA	Daniela Baumguertner
REVISÃO DE PROVA	Alice Ramos

SUMÁRIO

Loba 7

Saudade do que podia ter sido 8

Três letras 10

Big brother 11

Mentor 13

Encontro de almas 14

Abril de 99 16

Pilar do nosso lar 18

Santorini 20

Lucas 21

Léo 23

Educar 26

Doação 27

Casa e lar 28

Bi 29

Os idênticos diferentes 31

Socioamizade 33

Enrico 36

Amigos 38

Ger-mano 40

Reposições 41

Reinato 42

Tempero secreto 43

Dia diferente 44

Colhendo nossas escolhas 45

Maleável 46

Cheque em branco 47

Bicho pesado 48

Oval 49

Tabuleiro 50

Refém da mente 51

Empresariotário 52

"Conjulgando" 54

Páscoa 55

Tele-entrega 56

Caráter 57

Maio, 2024 58

Antigo normal 59

Guaíba 60

Pingos de felicidade 61

Aguerrido 62

Produtos gaúchos 63

Façanhas 64

Vísceras 66

Morte rápida 68

Loba

Já cheguei ao mundo com sorte
No ventre a mim destinado
De uma mulher muito forte
Eu fui gerado

Os seus, protege como uma leoa
Mesmo que seja necessário brigar
Mas com facilidade perdoa
Coisas difíceis de acreditar

A vida lhe entregou alguns limões
Mas ela não veio para ser derrotada
Com energia, infla seus pulmões
E entrega uma doce limonada

Mesmo com tantas adversidades
Fez de tudo para proteger o seu lar
Contrariando as probabilidades
Seus filhos criou de maneira exemplar

Vontade de viver
Novos lugares conhecer
Recebendo em cada amanhecer
A paz que fez por merecer

Saudade do que podia ter sido

Coração com muita bondade
Firmando a palavra, era um contrato Temente a Deus, notória religiosidade
Se necessário, cedia seu prato

Munido de inteligência
Desperdiçou oportunidades
Viveu com negligência
Colocando em risco sua integridade

A tabuada me desafiava
Orgulho vertia nos olhos com as respostas assertivas
Meu potencial explorava
Boas lembranças afetivas

O super-homem é muito forte
Até chegar a kryptonita
Meu pai, para falta de sorte
Seu ponto fraco foi a birita

Herança genética, vício, doença
Tentou, mas foi derrotado
Mais forte que sua crença
Corpo debilitado

Em agosto, dia vinte ele nasceu
De quarente e sete
No mês do desgosto, dia quatro faleceu
Hoje faria setenta e sete

Após um gole, infernal
Como se estivesse possuído
Sóbrio, angelical
Aos poucos foi se autodestruindo

Um assunto temos pendente
Que me rouba um pouco de paz.
Mesmo assim, independente
Sinto a falta que ele me faz

Em vida ele foi cobrado
Ao meu ver, severamente penalizado
Ficou anos acamado
Tadinho, judiado

Anos isso perdurou
Com gestos, se manifestava
Do nada a voz voltou
Muito longe eu estava
Mesmo assim telefonou
Para dizer que me amava
Última frase que me falou
Um dia depois, enquanto eu pousava
Ele nos deixou

Três letras

MÃE, PAI, AVÓ, AVÔ,
substantivos com apenas três letras,
todas podem fazer parte de um LAR,
nos remeter à PAZ e esquentar nossos corações como o SOL,
por isso merecem o CÉU.

Big brother

Brincamos demais
Brigamos demais
Jamais deixamos de ser leais

Passamos muitos perrengues
Juntos fizemos merengues
Só não pegamos dengue

Na Cracolândia poderia estar
Mas com um mental diferenciado
Esses fantasmas resolveu enterrar
Para fugir do caos um plano já tinha traçado

Dedicado e disciplinado
Inteligente e resiliente
Organizado e apaixonado
Correto e honesto

Fácil nunca foi
Mas se fosse fácil perdia o motivo
Se preciso, junta forças de um boi
É extremamente competitivo

Bem-casado e por todos benquisto
A vida o recompensou

Sujeito simpático e querido
Que ajuda jamais negou

Meu herói, dos meus filhos o tutor
Meu sucessor
Meu professor

Pode contar com ele para tudo
Só precisa ganhar o seu respeito, porque esse adulto sortudo
Não sei como, sozinho, conseguiu expulsar os traumas direito
E só carrega coisas boas no peito

A ele devo duas vidas
Eu já não era para estar nesse plano
E ele sabe que pode contar com minha contrapartida
Por essa e por tantas outras que amo meu mano

Mentor

Tive um Mentor
Acho que ele nem sabia
Que me inspirou a ser empreendedor
Humilde compartilhando sabedoria

Com ele sempre eu aprendia
Até as coisas erradas
Quando ele, escondido, à noite, me emprestava o Chevette da tia
Passava as dicas para no outro dia passar pela vistoria

Nunca irei esquecer
E sempre enaltecer
Que contribuiu com o meu aprender
Todos os anos, os livros e materiais escolares eram comprados
por esse diferenciado ser

Eu com dezesseis, ele na faixa dos cinquenta
Falávamos de negócios com essa diferença de idade
Eu o via como uma lenda
E hoje eu faria qualquer coisa para ter outra oportunidade
De mostrar a ele de forma lenta
Tudo que absorvi do aprendizado lastreado na generosidade

Tomando um mate amargo
Bateu essa saudade no peito
Do meu finado tio Camargo
Que grande sujeito

Encontro de almas

A vida vai mostrando caminhos e oportunidades
Alguns aproveitam, outros deixam passar
Às vezes contra a vontade
Importante fazer o seu melhor para não ter o que lamentar

Com o amor é similar
Algumas pessoas passam pelo seu destino ao longo da vida
Mas sabemos diferenciar
Quando o coração muda a batida
Para o resto do corpo sintonizar

Ainda custo a acreditar
Às vezes me questiono se sou merecedor
E agradeço sem hesitar
Por nessa vida ter encontrado o verdadeiro amor
Que o restante dos meus dias vou passar

Nosso lar tem um pilar
Nosso ponto de equilíbrio, cuida de tudo com leveza
Só com você ao meu lado foi possível conquistar
Nossa maior riqueza
Nossa família e nosso lar

Um time não funciona só com ataque ou defesa
Para títulos vencer
Cada um tem que ter a grandeza

E em prol do coletivo às vezes ter que ceder
Mas tenha certeza
Que a lei do retorno logo vai aparecer
E te mostrar com clareza
O que você fez por merecer

Que bela parceria
Exploramos nossos potenciais
E ajudamos nos pontos de melhorias
Largar a mão do outro jamais
Para você concedo todos meus dias

Abril de 99

Me conforta ver
O seu rosto bem-acomodado no travesseiro
Dormindo em paz o sono que sempre fez por merecer

Fico na torcida
De que um dia seja possível
Deixar agendado o casamento com ela
Para a próxima vida

Pois não gostaria de arriscar a sorte
E perder a oportunidade
De seguir com o coração batendo forte
E ter minha alma gêmea por toda a eternidade

Estar em sua companhia é sempre um prazer
Seja a situação que for
Por isso vinte cinco anos passaram como um laser
Diariamente enchendo meu coração de amor

Me sinto honrado de você carregar meu sobrenome
Juntos estamos formando nosso legado
Certos de que entregaremos ao mundo dois homens honrados

E tudo começou no outono de 1999
Lembro como se fosse hoje daquele 10 de abril

Meu coração fechado por ter sido machucado
Como num passe de mágica se abriu

Sorte, destino ou ocasião
Fato que não canso de expressar minha enorme gratidão
Ao responsável por esse ato
De trazer lá do Alegrete, num voo só de ida
O amor da minha vida

Seguimos juntos nosso caminho
Cientes que mesmo quando formos velhinhos
Rodeados de netos com muito amor e carinho

A ironia da nossa história
Repletos de roteiros bem-planejados
É que de fato a mais linda e emocionante viagem foi partilhar
a vida ao teu lado

Pilar do nosso lar

Sempre disposta a ajudar
Com jeito doce e sorriso largo
Se de ajuda você precisar
Ela vai diminuir esse fardo
Com ela pode sempre contar

Às vezes age invisível
Humilde, não gosta de aparecer, torna tudo possível
Às vezes sem ver nem perceber

O pilar do nosso lar

Pura ternura
Doce doçura
Culta cultura
Agradável conversa sempre perdura

De um limão ela faz limonada
De um dia pesado me arranca risada
Não sei se é gente ou uma fada
no meu time a camisa 10 ela farda

O pilar do nosso lar

Boa mãe, boa filha
Boa em tudo
Boa fé compartilha
E eu sou o sortudo
Que ganhou na loteria

Santorini

Bodas de prata
Vida de ouro
Nossas bocas quando beijadas
Encontramos nosso tesouro

Pele riscada no braço para eternizar
Gesto de amor tatuado nos poros
Arte bonita, porém, facilmente substituída por sua maior marca
que é o sorriso nos olhos

Nos renovamos diariamente,
com uma palavra assertiva ou quando nos entendemos apenas
no olhar
Cumplicidade, parceria e amizade são o que define
E para celebrar essa data marcante, só poderia ser no mais
lindo pôr do sol do mundo, que fica em Santorini

Lucas

Pensamento surge ligeiro
De arrepiar o corpo inteiro
Ao lembrar daquele 21 de janeiro
Onde conheci o amor verdadeiro

Com o nascimento da afilhada linda e muito amada
Fomos severamente influenciados
E de forma bem-programada
Um pouco de cada misturados
Trouxemos ao mundo uma alma diferenciada
Que facilmente deixa todos encantados
Com seu jeito doce e sincera risada

Sensação Inigualável
Nos meus braços primeiro contato
Amor incomparável
Encontro de olhares apaixonados

Já passaram vinte anos
A preocupação modifica
Formamos um dos melhores humanos
E a admiração se multiplica

Doce, querido
Gentil, educado

Um grande partido
Para dar sequência ao nosso legado

Seja jornalista ou mestre-cuca
Por ele mato ou morro.
Te amo filho Lucas
Meu primeiro tesouro

Léo

Pele do rosto todo amassado
Com quase quatro quilos
Chegava o Leonardo

À mãe muito apegado no início
Sono agitado e pequeno
Da teta fazia um suplício
Tirar do colo da mãe parecia veneno

Engatinhava diferente
Agitando pela casa de pijama
Com seu jeito carente
Quando via a mamãe Jana

Inteligente e educado
Responsável e organizado
Observador e dedicado
Compartilha seu vasto aprendizado
Perfeccionista e politizado
Nas respostas sempre muito rápido
Nem sempre bem-humorado

Foi-se meu pequenininho
Numa velocidade louca
Trocaram por um cara de bigodinho
E com a voz rouca

Mediocridade desconhece
Seu máximo sempre doa
À medida que ele cresce
O potencial voa

Não posso ficar parado
Adaptar-me se faz necessário
Para esse novo Leonardo
Que a cada aniversário
Meu amor fica eternizado

Rápido o tempo passou
Mais um homenzinho em casa
Mas que ele saiba que aqui estou
Para proteger debaixo da minha asa

Fase boa, momentos de pai e filho
Vou aproveitar o quanto puder
Conselhos para ele compartilho
Enquanto aqui estiver

Aqui tens um amigão
Se precisar, qualquer distância eu corro
Você ocupa parte do meu coração
Por ti eu mato ou morro

Comigo você pode sempre contar
Esteja onde estiver
Largo tudo sem hesitar
Para o que der e vier

Jogos do Grêmio tradicionalmente
Vamos eu, tu e o mano
Saiba, Leo, que incondicionalmente
Eu te amarei neste ou noutro plano

Educar

A difícil missão de educar
Um filho, em qualquer idade
Aos pais, não é permitido postergar
Deve ser sempre a prioridade
Pois se o momento certo passar
Perde-se a oportunidade
De corrigir e ajudar a formar
Um ser humano de boa índole e personalidade

Doação

Desde o primeiro dia, amor com devoção
Naturalmente, sem perceber, vai se tornando a sua própria segunda opção
À sua frente sempre estará o seu filhão
O tempo vai passando, apenas mudando o tipo de preocupação
Pai e mãe, eterna privação
Quando os filhos se tornam pais, finalmente a valorização
Alguns têm essa oportunidade, outros não
Afinal, cada vida tem a sua duração
Agraciados os que têm tempo de em vida
Demonstrar sua gratidão
Aos demais, somente em oração, e que aprendam a lidar com essa frustração
E, quem sabe, compensar, tentando oferecer o seu melhor para a próxima geração

Casa e lar

Casa é cimento e tijolo de seis furos
Lar é porto seguro
Casa é metragem, às vezes ostentação
Lar é onde se criam as memórias com duto direto para o coração

Bi

Nas duas famílias
Ainda não havia criança
Mulheres loucas para serem titias
Com muita esperança
A criança do primogênito viria

Bem-casado e organizado
Disciplinado, tudo sempre planejado
Cada vez mais perto o momento esperado

Um filho apenas, casal de fortes convicções
Apostavam numa menina
Bastava a Bi para ocupar esses dois bondosos corações

Ainda me lembro
Ansiedade só aumentando
Aquele mês de novembro
O grande dia estava chegando
De conhecer o mais novo membro

Enquanto não acontecia
Aproveitamos para curtir
De várias formas nos divertia
Dificilmente sairia alguém sem sorrir

Em seguida fui laureado
Anúncio envolvido de carinho
Onde fui convidado
Para ser o padrinho
Até hoje me sinto honrado

Minha primeira afilhada chegou
Desconhecido amor até então
Imediatamente ocupou
Com ternura o meu coração

No meu colo adorava ficar
Tempo passou rápido demais
Ainda bem que soubemos aproveitar
E construímos memórias legais

Hoje é adulta
Inteligente, dedicada, cada vez mais culta
Obediente e muito bem-educada

Futuro brilhante e lindo
Da faculdade, jaleco na cor branca
Sempre à disposição o teu dindo
Voa alto Bianca
Teu potencial é infinito

Os idênticos diferentes

Assuntos de vários casais
Após decidirem ser pais
Com dois filhos ou mais
Como podem ser tão desiguais?

Filhos com mesma educação
Mesmos pais, mesmos parentes
Idêntica criação
Como podem ser tão diferentes?

Um calmo e não muito organizado
Outro mais agitado e disciplinado
Um carinhoso e divertido
Outro mais introvertido e prevenido

O disciplinado tem tudo planejado
Para o carinhoso, basta estar ao lado
Um tem sede de aprender
Outro quer mesmo é viver

Iguais e diferentes
Diferenças latentes
Similaridades presentes
Estando próximos ou em diferentes continentes

Para sua surpresa
Os conheço desde meninos
Quase dois metros de altura em forma de gentileza
São irmãos gêmeos univitelinos

Pensar que dividiram o mesmo ventre
Mesmo assim, são idênticos e diferentes

Socioamizade

Amizade e cumplicidade
Problemas de alta complexidade
Anseios e segredos
Medos e ansiedade

Vinte e três anos de sociedade
Da mais alta periculosidade
Mesma data de uma fiel amizade
Ele me apresentou a ansiedade

Corajosos, maior definição
Às vezes com aflição
Mas sempre com boa intenção

Vendedor nato
De encher o prato
Talento raro
Às vezes desperdiçado
Mas rapidamente recuperado

Rapidamente perdeu a estrutura
E isso causou uma ruptura
Mãe e avós
Tudo contra, sem prós

Para mim ficou essa missão
Sem sangue, mas somos irmãos
Faço de tudo de coração
Nunca deixamos de estender as mãos
Por mais difícil que seja a missão
Com alto grau de tensão
O não jamais será opção
Daria um livro nossa história
Com partes alegres e tristes
Valorizando nossa trajetória
Mesmo com negativos palpites

Pai ele não teve
Azar do pai, ele que saiu perdendo
O avô presente sempre esteve
Com dois filhos acaba correspondendo

Vencedor. Vence a dor
Às vezes com demasiada proporção
Nas críticas é um rebatedor
Apesar de grande, parece crianção
Mas ressurge apesar da dor
E se importa muito com esse postiço irmão

Evolução notória
Que está mudando a trajetória
E tendo persistência chega a vitória
E a merecida glória

Sigo na torcida por toda evolução
Desse cara de bom coração
Atinja todos seus objetivos com suas próprias mãos

Enrico

Era uma vez dois namorados
que juntos venceram obstáculos
e foram ficando cada vez mais apaixonados

Nariga seu apelido, de fácil identificação
alguns acham que curtiu a vida adoidado
mas na verdade ele estava apenas à procura da mulher certa
para ocupar seu bondoso coração
e assim finalmente tornar-se um homem apaixonado

Radiante a seus olhos apareceu Mariana,
mulher de personalidade
que apesar de menos idade
mostrou a ele o caminho da felicidade

Ideais equalizados na construção da moradia
muito empenho e dedicação, sempre com valentia
pois tinham convicção que ali formariam sua família

Com roteiro bem-planejado, os objetivos foram sendo conquistados
o casal apaixonado, de comum acordo e muita lucidez
estava pronto para dar o próximo passo
então veio a gravidez

O plano saiu perfeito, exatamente como planejado

chega ao mundo hoje um bebê abençoado, que será muito amado e com pais dedicados

como diz o ditado: primeiro se planta, depois vem a colheita.

com isso concluo: seja bem-vindo, Enrico Braz Veiga!

Amigos

Amizade sincera
Não precisa procurar
Quando menos se espera
A vida irá te apresentar

Alguns preferem quantidade
Outros, qualidade
Quando há reciprocidade
Vai gerando cumplicidade
E ao convívio agregando felicidade

O avanço da tecnologia
O dia passa voando
Faz do cotidiano uma correria
Acabamos nos desgastando
E desperdiçando energia

Um dia pesado
Problema sempre surgindo
Pode ser amenizado
Ou até mesmo resolvido
Se tiver um amigo sincero ao lado
Soluções vão surgindo

Enquanto este escrevia
Inevitável reconhecer
Mais um ponto de melhoria
Na lista devo acrescer
Gerir melhor o tempo do meu dia
Com isso mais horas hei de ter
Para desfrutar de boas companhias
No dia que isso ocorrer
Mesmo que de forma tardia
Só me restará agradecer

Ger-mano

Desse plano a partida
Nos corações dos amigos ainda há feridas
A sensação de que ele venceu na vida
A cada lembrança divertida

Dos momentos agradáveis
Dos gestos afáveis
Das atitudes amáveis

Faz falta de maneira geral
Inclusive depois do Grenal
Com humor ácido e genial

Saudade daquele sorriso largo
De dividir um amargo
E de dar um abraço

Vida leve ele fazia parecer
Agora ele lá em cima, deve estar careca de saber
Quanta falta nos fazem dois anos de convívio com esse
diferenciado ser...

Reposições

Ao perder um amigo ou ente querido
Por óbito ou alguma discussão
Muitas vezes sem termos percebido
Sutilmente a vida faz a reposição

Destino ou casualidade
Fato é que não tem dia nem hora para iniciar uma nova amizade
Aconteceu comigo e a vida não poupou generosidade
Fez uma reposição para mim com tanta superioridade
Que lembrar me causa perplexidade

Não force a barra, pois com ele isso não se forja
Deve ser construído naturalmente
Por esse sujeito humilde, trabalhador e inteligente de São Borja
E se você for aprovado, terá um grande amigo infinitamente

Reinato

Nessa vida recebi um grande prêmio
E por isso serei eternamente grato
Por ter nascido torcedor do Grêmio
E por nosso maior ídolo ser o Renato

Jogador muito acima da média, um gênio
Como treinador, dá aula de gestão de grupo, um talento nato
No mundial, dois golaços anotou
Libertadores ganhou como jogador e treinador, fato raro

Por todos esses feitos, estátua virou
E segue dando alegrias ao torcedor
Mais uma marca sendo atingida
Quinhentos jogos à beira da casamata tricolor

Se a mim fosse concedida a honra de ser presidente do meu
time do coração
Em momento propício
Redigiria de próprio punho, com plena convicção,
Ao Renato, contrato vitalício!

Tempero secreto

Cozinhar, para alguns, é obrigação
Para outros, satisfação
A diferença dessa comparação
Não está na dedicação
Colocando os pratos lado a lado para degustação
Ver-se-á que o mais delicioso será o que cozinhou com o coração
Pois esse tempero oculto não tem explicação

Dia diferente

Se a ida ao batente
Tiver o vento batendo de frente
Na viseira do capacete

Não importa a velocidade, nem mesmo sua idade
A sensação de liberdade
Enche o piloto de felicidade

Não tem mau humor
Que dure muito tempo
Com o ronco do motor

Cidade grande, horário de pico
Dentro do carro a raiva do motorista
Arranca e para, tempo perdido
Bendito seja aquele motociclista

Menos buzinas
Mais parceiros
Menos rotinas
Mais roteiros.

Colhendo nossas escolhas

Se num livro descrever sua vida detalhadamente
Ao ir preenchendo as folhas
Perceberá facilmente que, invariavelmente,
Passamos colhendo nossas escolhas

Maleável

"Tente ser o mais justo e não esqueça de ser grato por tudo. Fiel a seus princípios e, se tiver sorte, que seja remunerado suficientemente para seu sustento".

Aplicando o prefixo de negação teremos novas palavras dando sentido oposto. Duas letras apenas mudam totalmente o texto, senão vejamos:

"Tente ser o mais injusto e não esqueça de ser ingrato por tudo. Infiel a seus princípios e se tiver sorte, que seja remunerado insuficientemente para seu sustento".

A vida, assim como a língua portuguesa, pode ser um enorme paradoxo em que estamos suscetíveis a grandes mudanças em pequenos movimentos, em que tudo pode virar de pernas para o ar rapidamente, então, quando a vida te apresentar um prefixo de negação, fique atento, aproveite o percurso e saiba ser maleável sempre que necessário.

Cheque em branco

Sempre importante enaltecer
A todos que de alguma forma te demonstraram generosidade
A estes, sem hesitar, em contrapartida sua mão poder estender
O melhor de sua reciprocidade
E de coração oferecer
Sem data de validade
Um cheque em branco de gratidão ao portador para aqueles que, com ações, conquistaram seu respeito e lealdade.

Bicho pesado

Estava eu aqui à toa
Pensando: "como que esse bicho voa?"
Com tantas pessoas dentro e somente nuvens lá fora
E faz isso a centenas de quilômetros por hora

Quisera se pudesse retroceder o tempo
E se houvesse uma forma de ler o pensamento
Para entender como é o funcionamento
Da mente brilhante criadora desse invento

Santos Dumont, que dentre tantos feitos,
Constatou que só teria êxito
Se a decolagem do bicho pesado fosse contra o vento

Passaram-se os anos e a tecnologia
Que está aqui para "quase" tudo aperfeiçoar
Evoluindo os equipamentos dia após dia
Tornando cada vez mais agradável e fascinante voar.

Oval

A Terra é redonda
O relógio gira em círculo
Seriam esses os motivos de nossas vidas darem tantas voltas?

Tabuleiro

Na hora da partida
De um amigo ou ente querido
Com o coração dolorido
Divagamos sobre um dos grandes mistérios da vida

Existe vida após a morte?
Se houver, justo seria o critério da meritocracia
Pois assim teríamos a garantia
De que somente pessoas de bem para o outro plano passariam

Talvez a vida seja um grande tabuleiro
Com as peças distribuídas de forma organizada
Um punhado de pessoas normais
E um pouquinho de almas iluminadas

O que tem mais valia?
A vida após a morte
Ou nessa vida termos a sorte
De conviver com pessoas que ajudaram a construir nossas histórias
E por isso, eternamente viverão em nossas memórias

Refém da mente

Uma pessoa inteligente
Pode acabar ficando doente
E tornar-se refém de sua própria mente

Pensamentos infinitos
Que não param um segundo
Todos à volta vão ficando aflitos
Com seu amigo moribundo

Na madrugada abundante criatividade
Sua mente aos poucos adoece
Ideias fluem com naturalidade
E seu corpo padece

O sono é um sujeito mal-humorado
Cheio de regra e exigência
O corpo deveras cansado
Afeta inclusive a inteligência

Como sou um sujeito honrado
Deixo aqui registrado
Que acabo este poema às quatro e quarenta e quatro

Empresariotário

No Brasil, para ser empresário
Tem que ser corajoso
Ou ser muito otário
Por mais que seja bondoso
Tem que deixar o dízimo para o vigário

Para o leigo, lucro é uma ofensa
Coisa de guerrilha
Mal sabe ele o quanto o empresário pensa
No sustento dessas famílias

O lucro que faz a máquina girar
E o negócio prosperar
E assim mais empregos poder gerar

Acertando e errando
Com erros aprendendo
Dia a dia se superando
Sobrevivendo

Aprendendo na dor
Às vezes sem professor
Talvez um mentor
Na marra aprendendo a ser gestor

Com pessoas diferentes
Time vai se formando
Profissionais competentes
Caldo vai engrossando
Mescla de jovens e experientes
Conhecimentos compartilhando
O resultado chegará, sejam pacientes e resilientes
Isso se o governo não chegar atrapalhando

Vão se destacando
Os que preferem dez pássaros voando
Mais chances de acabar decolando

Aos que preferem um pássaro na mão como discurso
Basta ter convicção e seguir seu percurso
Investindo todos os seus recursos
E estudando para concursos

"Conjulgando"

Tu julgas facilmente, a torto e a direito
Ele julga e te comenta, às vezes posta em forma de indireta
Nós julgamos algumas vezes juntos, com frases de efeito
Vós julgais aqui e acolá, inclusive já causaste algumas tretas
Eles julgam a todo momento, parece que só enxergam defeito
Cordeiro de Deus que tirais o pecado do mundo, tende piedade
de: eu, tu, ele, nós, vós e eles

Páscoa

Havia um povo deveras maltratado
Maldades praticadas sem parar
Para esperança de uma vida melhor
Fez Jesus ressuscitar

Ele que a ninguém negou o pão
Outrora todo seu sacrifício no calvário
Olhando para dias de hoje veria que seu esforço foi em vão
Talvez arrependido com o tempo perdido
Haja vista que depois de um tempão
Ainda temos que conviver com vigários e otários

Mas Páscoa é renovação
Renovemos as mazelas então
Da política e toda sua podridão
Até mais repugnante, a ingratidão

Tirar vantagem é cultural
Origem dos tempos feudais
Prejudicar o outro de maneira natural
Ou se corromper por alguns reais

Julgam-se espertos
Esquecem que são seres humanos
Uma espécie de hipermetropia ótica. Não vê de perto
E o acerto de contas certamente virá neste plano

Tele-entrega

Ao olhar para a pessoa já recebo alguns sinais.

Os bons saltam aos olhos, os dispensáveis vêm em forma de alerta, normalmente com desvios.

O olhar é uma espécie de tele-entrega de caráter.

Caráter

O aperto de mão é a ressonância magnética da alma e a transfusão dos dois tipos de sangue: o bom e o ruim

Maio, 2024

E maio persiste
Sensação que nada resiste
Até o mais forte desiste
Vigésimo quarto dia triste

Triste ver
Triste ler
Triste saber
Triste nada poder fazer

Antigo normal

Saudade de um domingo normal
Torcer e secar jogos da dupla Grenal
dia com futebol e sem jornal nacional
Saudade de chamar os amigos para um assado
E não se constranger de ter algo postado
Saudade do recente passado...
Saudade de quando a água era apenas um item básico para
o provento
Agora virou todo esse tormento
Maio, termina logo mês nojento

Guaíba

Nível do rio, ao acordar, a primeira curiosidade
Ao sair nas ruas, constatando os estragos em nossa cidade
Ruas viraram rios, tamanha perplexidade
Atualmente essa é a nossa realidade
Mas com certeza em breve voltaremos à normalidade

Pingos de felicidade

Vamos encher milhares de caminhões
Carregados de generosidade
E entregar por esses rincões
Pingos de felicidade

Aguerrido

Pelear é tradição, seja qual for o oponente
Nossa infantaria agora é diferente
Armas são barcos, rodos, botas e luvas
E o recheio das luvas é nossa arma secreta
Pois as mãos incansáveis e abençoadas dos voluntários é o que
vai nos tirar desse lodo em linha reta

Produtos gaúchos

Atenção, consumidor
De artigos simples ou itens de luxo
Sempre que tiver a opção
Defina sua compra por um produto gaúcho

Façanhas

Há pouco tempo
Passamos pela agonia
E todo aquele tormento
De sobreviver a uma pandemia
Não bastasse aquele sofrimento
E a falta de empatia
Agora esse sentimento
De tamanha covardia
Mas nunca coloquem em julgamento
Nosso brio e valentia

Regiões inteiras devastadas
Por causa dessa histórica enchente
Muitas famílias desoladas
Pela perda de seus entes

Quanta provação
Ultimamente temos passado
Agora temos a missão
Mesmo com o povo enlutado
De conduzir a reconstrução
De um estado arrasado

Em todas essas localidades
Um sentimento de luxo

Ver toda a generosidade
Do nosso povo gaúcho

Lutar está em nossas entranhas
A qualquer tipo de guerra
Por isso que sirvam nossas façanhas
De modelo a toda a Terra.

Vísceras

Sempre gostei de matemática
E demais matérias exatas
Por isso tomo as decisões de maneira prática

Se usar a geometria para ilustrar a minha trajetória de vida
Num lado do gráfico as condições que me foram oferecidas
No outro vértice minha atual posição
O vetor estaria em íngreme elevação
Demonstrando a vitória merecida

Infância sofrida, psicológico afetado
Por presenciar discussões carregadas de esterco verbal
Nesse meio fui sendo formado
Mecanismodedefesadaminhamenteveioemformadebloqueioemocional

Temperamento forte e atitudes intempestivas
Pavio curto e respostas agressivas
No futebol descarregava essa raiva adquirida

Ah se você soubesse ao menos um punhado, ao invés de julgar,
teria me ajudado

Mas não vim aqui fazer papel de mártir
Cresci com a certeza do que não queria ver um filho passar
Isso foi formando meu caráter
E aumentando a vontade de constituir minha família e um lar

Aos olhos de alguns posso parecer forte
Intransponível, indestrutível
Mas o que estes talvez não saibam é que além de um sujeito de sorte
Também sou factível e sensível

Ah se você soubesse ao menos um punhado, ao invés de julgar, teria me ajudado

Sensibilidade, humildade
Sinceridade, honestidade
Alguns atributos que formam minha personalidade
Mas os dois maiores pilares sem dúvidas são
Confiança e gratidão

Grato pelo que aprendi
Grato pelo que conquistei
Grato por ter chegado até aqui
E pelo ser humano que me tornei

Agora o que me motiva lá no fundo
É extrair o melhor desse suco da vida
Para retribuir um pouco ao mundo
A minha gratidão como contrapartida

Morte rápida

Para quem não sabe
"Vida longa, morte rápida"
É um ditado árabe

Ouvindo rápido pode ter outro entendimento
Pensando que estão desejando que morra em breve
Mas desejar a morte rápida é evitar o sofrimento
Que em algumas doenças o corpo padece

Noutro plano, um belo significado
Vez ou outra, ser lembrado
Por momentos engraçados
Ou folclóricos ditados
Por termos sido honrados
E quem sabe, deixado algum legado

Na porta dos cinquenta
A vida ganha outro significado
Nosso corpo já não aguenta
Algum consumo demasiado
Pois a recuperação é mais lenta
Até mesmo para um resfriado

O tempo que ainda resta
Que passe de forma lenta

Tentando fazer uma festa
Nos ambientes que frequenta

Sem mais delonga
Desejo de maneira prática
Para todos, Vida longa
E aos mais chegados, Morte rápida.

Em 25 de novembro de 2024, o autor André Ramos assinou termo de compromisso onde se compromete a reverter todo o lucro da obra *REGURGITANDO SENTIMENTOS*, a ser publicado pela APPRIS EDITORA E LIVRARIA LTDA, inscrita no CNPJ sob o n° 13.120.023/0001-81 e GRÁFICA E EDITORA LIRIA LTDA - ME, pessoa jurídica de direito privado, inscrita no CNPJ/MF sob o n° 26.237.343/0001-68, para entidades ligadas ao ensino e à educação. O autor criou uma conta específica para esse fim:

BANCO: (001) Banco do Brasil
AGÊNCIA: 5770-3
CONTA CORRENTE: 18217-6
(Poupança variação 51)
PIX (e-mail): andre@pisotech.com.br